Der Gerichtsoffizier im Kriege.

Praktische Ratschläge für das Disziplinar-, stand- und kriegsgerichtliche Verfahren

von

Assessor Dr. Anton Spancken,
Kriegsgerichtsrat k. A.
bei der 235. Infanterie-Division.

Berlin 1918.
J. Guttentag, Verlagsbuchhandlung,
G. m. b. H.

Vorwort.

Der Gerichtsoffizier als Organ und juristischer Berater des niederen Gerichtsherrn steht im Kriege vor einer schwierigen, verantwortungsvollen Aufgabe. Die Bestellung eines juristisch vorgebildeten Offiziers zum Gerichtsoffizier ist nicht immer möglich, auch fehlt diesem meist die Zeit, sich auf dem ihm unbekannten Gebiete einzuarbeiten und sich das ganze umfangreiche Gebiet des Militärstrafrechts zu eigen zu machen. Eine juristisch einwandfreie und zugleich möglichst schleunige Erledigung der Strafsachen ist aber im Felde im Interesse der Disziplin besonders notwendig. Um eine solche zu fördern, will die vorliegende in erster Linie für die Frontoffiziere im Felde abgefaßte kleine Schrift, veranlaßt durch die Beobachtung mancher im Feldverfahren zutage getretenen Fehler und Mängel, dem Gerichtsoffizier, der sich zunächst an der Hand eines in die Materie einführenden Buches (etwa des „Leitfadens für Gerichtsoffiziere" von Elsner v. Gronow, Berlin, Mittler u. Sohn) mit den Grundsätzen des Verfahrens und den wichtigsten Bestimmungen des materiellen Strafrechts vertraut gemacht hat, einige praktische Ratschläge geben, wie er bei der Behandlung der Strafsachen, auch bei der Mitwirkung im kriegsgerichtlichen Verfahren, zweckmäßig verfährt, ihn auf einige häufig anzuwendende, besonders während der Kriegszeit ergangene Bestimmungen hinweisen und ihm dadurch seine Aufgabe zu erleichtern suchen. Die Kommentare von Romen und Rissom zur MStGO. (1918) und zum MStGB. (1918) sowie der Kommentar zur DStO. von Schlott (1918), die bei der vorliegenden Arbeit benutzt sind, werden ihm dabei unentbehrliche Dienste leisten.

Inhaltsübersicht.

Der Gerichtsoffizier hat bei jeder Strafsache zunächst zu prüfen[1]), 1. ob Erledigung im Disziplinarwege möglich und nach Lage des Falles angebracht ist; 2. falls eine solche nicht in Betracht kommt, ob das Standgericht zuständig ist, oder ob 3. allein das Kriegsgericht die Straftat aburteilen kann, und hat danach die weiteren Maßnahmen zu treffen und dem Gerichtsherrn seine Vorschläge zu machen. Um ihm diese Prüfung zu erleichtern, seien die wichtigsten dabei zu beobachtenden Gesichtspunkte hervorgehoben.

I.

Erledigung im Disziplinarwege.

Bei der Weitläufigkeit des gerichtlichen Verfahrens liegt die Erledigung im Disziplinarwege soweit irgend möglich im militärischen Interesse. Durch diese wird eine schnellere und dadurch wirksamere Bestrafung erreicht. Die Strafe soll der Tat möglichst auf dem Fuße folgen und es ist besser, daß eine gelindere Strafe sofort verhängt wird als daß erst nach längerer Zeit eine härtere Strafe eintritt. Durch die Erledigung im Disziplinarwege wird auch dem Bestraften ein gerichtliches Verfahren und der Makel einer gerichtlichen

[1]) Über die hier nicht berührte Frage der Zuständigkeitsgrenzen zwischen Militär- und Zivilrecht vgl. §§ 2ff. MStGO. sowie Elsner v. Gronow aaO. S. 9—12.

Bestrafung erspart und eine Entlastung des Gerichts von minder erheblichen Sachen herbeigeführt. Von der Möglichkeit der disziplinarischen Ahndung ist daher besonders im Felde in allen geeigneten Fällen Gebrauch zu machen (vgl. KV. v. 10. 5. 17, KVBl. S. 385).

Im Disziplinarwege müssen bestraft werden auf Grund der Disziplinarstrafordnung die reinen Disziplinwidrigkeiten, die sog. Disziplinarübertretungen, d. h. Zuwiderhandlungen gegen militärische Zucht und Ordnung und gegen die Dienstvorschriften, soweit sie nicht schon durch Strafrechtssätze bedroht sind (DStO. § 1 Ziff. 1). Es können aber disziplinarisch auch geahndet werden in leichteren Fällen bestimmte, an sich gerichtlich strafbare Handlungen, nämlich die im § 3 EG. z. MStGB. aufgeführten sog. Disziplinarvergehen.

1. Disziplinarübertretungen.

Die Disziplinarübertretungen aufzuzählen ist naturgemäß nicht möglich. Es fallen hierunter vor allem die Zuwiderhandlungen gegen die Kriegsartikel. Als Ungehorsam aus § 92 MStGB. können diese nur dann bestraft werden, wenn zur Ausführung der Kriegsartikel für besondere Verhältnisse bestimmte Befehle gegeben sind. Als Beispiele von Disziplinarübertretungen seien genannt: Achtungsverletzung außer Dienst und ohne Beziehung auf eine Diensthandlung, Achtungsverletzung gegen einen Ranghöheren (z. B. Militärbeamten), Trunkenheit[1]) außer Dienst (vgl. Kr. Art. 24),

[1]) Über die strafrechtliche Bedeutung der Trunkenheit vgl. unten S. 31.

Belügen eines Vorgesetzten in dienstlichen Angelegenheiten ungefragt (vgl. § 90 MStGB.) und ohne daß eine besondere Meldepflicht vorliegt (vgl. § 139 MStGB.) oder in reinen Privatangelegenheiten (vgl. Kr. Art. 20), unbefugtes Tragen von Gefreitenknöpfen[1]), ferner: fahrlässige Beschädigung von Dienstgegenständen, fahrlässige Urlaubsüberschreitung, etwa infolge Trunkenheit oder Versäumnis von Zügen (die §§ 137, 64f. MStGB. erfordern Vorsatz), weiter: versuchter Mundraub, da das Gesetz in § 370 Ziff. 5 RStGB. nur den vollendeten Mundraub mit Strafe bedroht, die ohne Absicht rechtswidriger Zueignung erfolgte Wegnahme von Dienstgegenständen zum Dienstgebrauch oder von anderen nicht zum Dienstgebrauch bestimmten Gegenständen zum Zwecke nur vorübergehender Benutzung, sowie insbesondere auch die sog. Antragsvergehen, d. h. Vergehen und Übertretungen, die nur auf Antrag gerichtlich zu verfolgen sind, wenn der erforderliche Strafantrag nicht gestellt wird. Über die Wegnahme von Dienstgegenständen zum Dienstgebrauch ist weiter unten näheres gesagt. Was die Antragsvergehen anbetrifft, so kommen nur Vergehen und Übertretungen des gemeinen Strafrechts in Frage, da das Militärstrafgesetzbuch Antragsdelikte nicht kennt. Da nach § 127 MStGB. außerdem u. a. die nach § 232 RStGB. nur auf Antrag verfolgbaren leichten vorsätzlichen und die fahrlässigen Körperverletzungen sowie Diebstahl und Unterschlagung aus Not (§ 248a RStGB.), wenn sie von einer Person des Soldatenstandes „im

[1]) Über unbefugtes Tragen von Orden vgl. S. 22.

Felde"[1]) begangen werden, auch ohne Antrag strafbar sind, so kommen im Feldverfahren[2]) für eine disziplinarische Ahndung vorzüglich in Betracht: Beleidigung (auch tätliche) von Kameraden (§§ 185 f., 194 RStGB.), Sachbeschädigung (§ 303), Hausfriedensbruch (§ 123), und besonders Entwendung von Gebrauchsgegenständen, sog. Mundraub (§ 370 Ziff. 5 RStGB.; näheres über diesen weiter unten). Ist in einem dieser Fälle Strafantrag (vgl. über diesen §§ 61—65 RStGB.) nicht gestellt oder der gestellte Strafantrag zurückgenommen, so ist die Tat nur als Disziplinarübertretung strafbar. Ist ein (aktenkundig zu machender! § 152 MStGO.) Antrag auf Strafverfolgung gestellt, so wird doch in manchen Fällen z. B. bei Entwendung von Genußmitteln durch Kameraden, die Absicht des Verletzten nicht auf strafgerichtliche Verfolgung gerichtet sein, sondern es wird ihm oft disziplinarische Bestrafung genügen. Dies ist in Zweifelsfällen durch Befragen des Antragstellers festzustellen und es erübrigt sich dann ein gerichtliches Verfahren. Im übrigen ist die Herbeiführung eines Strafantrags im allgemeinen nicht Pflicht des Gerichtsherrn, es sei denn, daß erkennbar ist, daß der Verletzte wirklich Bestrafung wünscht und nur aus Unkenntnis die Stellung des Strafantrags unterließ.

---

[1]) Vgl. § 9 MStGB. in der Fassung der Nov. v. 25. 4. 17 und dazu AKO. v. 8. 5. 17 (AVBl. S. 283) und Krm. v. 14. 5. 17 (AVBl. S. 284).

[2]) Der Begriff „im Felde" hat in der Militärstrafgerichtsordnung eine engere Bedeutung als im Militärstrafgesetzbuch: § 5 EG. z. MStGO.

Liegen mehrere Disziplinarübertretungen gleichzeitig zur Bestrafung vor (z. B. ein Mann betrinkt sich außer Dienst, beleidigt die Kameraden [die Strafantrag nicht stellen!] und versucht in der Kantine einen Mundraub zu begehen), so kann der Disziplinarvorgesetzte mehrere Einzelstrafen verhängen (die Summe dieser darf seine Strafbefugnis überschreiten) oder die Einzelstrafen zu einer Einheitsstrafe (die seine Strafbefugnis nicht überschreiten darf) zusammenziehen. Die Grundsätze des Militärstrafgesetzbuches über Bildung einer Gesamtstrafe (§ 54 MStGB. in Verb. mit § 74 RStGB.) finden auf reine Disziplinarübertretungen keine Anwendung. — Neben einer nur gerichtlich strafbaren Handlung herlaufende Disziplinarübertretungen sind sofort disziplinarisch zu bestrafen und wegen der gerichtlich strafbaren Handlung ist Tatbericht einzureichen (z. B. ein Mann bleibt über 7 Tage über Urlaub [§ 67 MStGB.] und nimmt in rechtswidriger Absicht an seinem Urlaubsschein Änderungen vor, ohne aber von dem so verfälschten Schein zum Zwecke einer Täuschung Gebrauch zu machen, vgl. § 267 RStGB. sowie unten S. 52). — Kommen eine Disziplinarübertretung (z. B. unbefugtes Tragen von Gefreitenknöpfen) und ein Disziplinarvergehen (z. B. unerlaubte Entfernung im Felde nicht über 7 Tage, § 66 Satz 2) gleichzeitig zur Meldung, so hat, falls der Disziplinarvorgesetzte letzteres nicht als leichteren, zur disziplinarischen Bestrafung geeigneten Fall ansieht, ebenfalls wegen der Disziplinarübertretung unverzüglich disziplinarische Bestrafung und wegen des Disziplinarvergehens Einreichung des Tatberichts zu erfolgen. Erachtet der Disziplinarvorgesetzte dagegen bezüglich des Disziplinarvergehens einen leichteren Fall für vorliegend, so bestraft er beide Straftaten disziplinarisch, und zwar kann er die beiden strafbaren Handlungen mit zwei Einzelstrafen belegen oder eine Einheitsstrafe [1]) festsetzen. An die Vorschriften des MStGB. über die Bildung einer Gesamtstrafe ist er dabei nicht gebunden, da die eine Strafe eine reine Disziplinarstrafe ist.

Neben einer gerichtlichen Strafe ist eine Disziplinarbestrafung nach § 1 Ziff. 1 DStO. wegen derselben Handlung, abgesehen von den Zusatzstrafen nach § 41 DStO., unzulässig. Ein Mann, der sich z. B. auf Urlaub an einer Schlägerei mit Zivilisten beteiligt hat und deshalb gerichtlich bestraft ist, kann also nicht außerdem noch, weil sein Verhalten gegen die militärische Zucht und Ordnung verstößt, disziplinarisch bestraft werden. Wird ein solcher Fall dem Disziplinarvorgesetzten gemeldet, so hat dieser gemäß § 153 MStGO. Tatbericht einzureichen. Ist eine Handlung, welche gerichtlich hätte bestraft werden sollen (z. B. Mißhandlung eines Untergebenen, § 122) irrtümlich auf Grund des § 1 Ziff. 1 DStO. disziplinarisch geahndet, so ist die gerichtliche Untersuchung herbeizuführen (§ 45 DStO.). Die gerichtliche Bestrafung wird durch die bereits erfolgte Disziplinarbestrafung nicht etwa ausgeschlossen. Mit der Aufhebung der irrtümlich verhängten Disziplinarstrafe (gemäß § 55 DStO.) wartet der höhere Militär-

---

[1]) Strenger Arrest ist als Einheitsstrafe, wenn diese Strafart für das mit zu bestrafende Disziplinarvergehen nach § 22 Abs. 3 MStGB. ausgeschlossen ist, nicht zulässig.

vorgesetzte in solchem Falle zweckmäßig bis zur Erledigung des gerichtlichen Verfahrens. War die Disziplinarstrafe schon vollstreckt, so kann dies in dem gerichtlichen Verfahren bei der Strafzumessung berücksichtigt werden.

Über Ahndung von bei gerichtlichen Untersuchungen zur Sprache kommenden Disziplinarübertretungen sowie von sich lediglich als Disziplinarübertretungen herausstellenden strafbaren Handlungen nach Einstellung des gerichtlichen Verfahrens oder Freisprechung vgl. unten S. 35.

Die nach § 1 Ziff. 1 DStO. strafbaren Disziplinarübertretungen können mit allen Disziplinarstrafen (z. B. Strafexerzieren, Strafwache, Quartierarrest, Verweis) bestraft werden (§ 3 DStO.). Auch ist im Gegensatz zu den Disziplinavergehen (vgl. § 22 II MStGB.) strenger Arrest als erste Strafe zulässig.

2. Disziplinarvergehen.

Als **Disziplinarvergehen** können auf Grund der Bestimmung des § 3 EG. z. MStGB. in der erweiterten Fassung der Nov. v. 25. 4. 17 in leichteren Fällen im Disziplinarwege geahndet werden insbesondere: unerlaubte Entfernung im Felde länger als drei Tage, beim Besetzungsheere auch bei einer Dauer über sieben Tage (§ 66 Satz 2 MStGB.), erschwerte Achtungsverletzung (§ 89 Satz 2), erschwerter Ungehorsam (§§ 93, 94), Körperverletzung durch unvorsichtige Behandlung von Waffen und Munition (148 Fall 1), Belügen eines Vorgesetzten (§ 90), einfache Beleidigung Vorgesetzter (§ 91 Abs. 1), vorschriftswidrige Behandlung oder Beleidigung Untergebener (§ 121 Abs. 1), vorsätzliche Beschädigung von Dienstgegenständen (§ 137), einfache Wachvergehen (§ 141 Abs. 1), Trunkenheit im Dienst (§ 151), unerlaubtes Verlassen der Wache oder seines Platzes auf dem Marsche (§ 146), Borgen von Geld oder Annahme von Geschenken von Untergebenen (§ 114).

Bei der Berechnung der Dauer der unerlaubten Entfernung ist zu beachten: Fällt der Tag des unerlaubten Fernbleibens mit dem Beginn eines Kalendertages zusammen, so wird dieser bei der Berechnung der 3 oder 7 Tage (§ 66, 67) als erster Tag gerechnet, andernfalls wird der Tag, in dessen Lauf die Entfernung begann, nicht mitgezählt. Als Ende der unerlaubten Entfernung gilt der Zeitpunkt, an dem der Täter, sei es durch freiwillige Gestellung, sei es durch Rückbringung als Verhafteter, bei „seiner" Truppe oder „seiner" Dienststellung wieder eingetreten ist oder doch hätte eintreten können, wenn nicht der Eintritt durch sein Verschulden verzögert worden wäre. Macht sich z. B. ein Soldat, der von der Westfront nach Königsberg bis zum 2. Mai einschließlich Reise beurlaubt war, einer Urlaubsüberschreitung schuldig und wird er am Abend des 5. Mai auf Ersuchen des Regiments in Königsberg festgenommen, so liegt ein unerlaubtes Fernbleiben über 3 Tage vor, denn er hätte, auch wenn die Festnahme ihm die Abreise nicht unmöglich gemacht hätte und er am Abend des 5. Mai von Königsberg abgefahren wäre, infolge seines Verschuldens keinesfalls noch am 5. Mai wieder bei seiner Truppe eintreffen können. In Zweifelsfällen gilt der Grundsatz: in dubio pro reo.

Ob ein leichterer Fall vorliegt — das Vorliegen eines solchen beurteilt sich nicht nur nach der objektiven Seite der Tat, sondern auch nach der Person des Täters, z. B. bisherige Unbestraftheit, gute Führung, Erregung — entscheidet der zuständige Disziplinarvorgesetzte, der dabei die Stelle eines Richters vertritt, und zwar hat grundsätzlich der niedere Disziplinarvorgesetzte, der für die Aufrechterhaltung der Disziplin in erster Linie verantwortlich ist, zunächst zu entscheiden, ob ein zur disziplinarischen Bestrafung geeigneter Fall vorliegt[1]) und, falls die für angemessen erachtete Strafe die Grenzen seiner Disziplinarstrafgewalt nicht überschreitet, die Bestrafung sofort eintreten zu lassen. Erachtet der Disziplinarvorgesetzte einen leichteren Fall nicht für vorliegend und lehnt deshalb die Disziplinarbestrafung ab und reicht Tatbericht ein[2]), so kann der Gerichtsherr die gerichtliche Strafverfolgung nicht deshalb ablehnen, weil er im Gegensatz zu dem Disziplinarvorgesetzten die Disziplinarbestrafung für ausreichend hält (§ 157 II MStGO.). Ist er zugleich höherer Disziplinarvorgesetzter, so kann er jedoch selbst die Disziplinarstrafe verhängen. Ist er nicht zugleich höherer Disziplinarvorgesetzter, so muß er, auch wenn er selbst einen leichteren zur disziplinarischen Bestrafung geeigneten Fall als vorliegend ansieht, die gerichtliche Strafverfolgung anordnen.

[1]) Ein Regimentsbefehl, in allen Fällen unerlaubter Entfernung sofort Tatbericht einzureichen, und andere Beschränkungen des Disziplinarvorgesetzten sind unzulässig.

[2]) Bei der Einreichung wird zweckmäßig der Überzeugung, daß ein leichterer Fall nicht vorliegt, Ausdruck gegeben, damit der Gerichtsherr sieht, daß an die Möglichkeit der Erledigung im Disziplinarwege gedacht ist.

Nach Einleitung eines Ermittlungsverfahrens (durch den niederen oder höheren Gerichtsherrn) ist die Zuständigkeit des Disziplinarvorgesetzten zur Ahndung eines der im § 3 EG. z. MStGB. aufgeführten Vergehen im Disziplinarwege zweifelhaft. Aus prozessualen und dienstlichen Gründen ist von einer solchen abzusehen. Doch hat der Gerichtsoffizier, falls der Disziplinarvorgesetzte nach Anordnung des Ermittelungsverfahrens auf Grund besonderer Feststellungen eine disziplinarische Erledigung für wünschenswert erachtet, (z. B. nach etwaiger Festnahme oder Rückkehr des Flüchtigen), dies dem Gerichtsherrn sobald wie möglich vorzutragen, damit dieser, falls auch er eine disziplinarische Bestrafung für ausreichend hält, eine solche eintreten lassen und das langwierigere gerichtliche Verfahren einstellen kann. Weiteres hierüber S. 36.

Liegen mehrere real konkurrierende Disziplinarvergehen dem Disziplinarvorgesetzten gleichzeitig zur Bestrafung vor (z. B. ein Mann hat sich unerlaubt von der Truppe nicht über 7 Tage entfernt, § 66 Satz 2, und belügt den Vorgesetzten auf Befragen über seinen Verbleib, § 90) und erachtet der Disziplinarvorgesetzte sämtliche Vergehen als leichtere Fälle für geeignet zur gleichzeitigen disziplinarischen Bestrafung, so muß er eine Gesamtstrafe nach den Vorschriften der §§ 54 MStGB., 74 RStGB. bilden. Hält er dagegen nur bezüglich der einen Straftat (z. B. des Belügens des Vorgesetzten) einen leichteren Fall für gegeben, so ahndet er diesen sofort im Disziplinarwege und reicht bezüglich des anderen Tatbericht ein (die Bildung einer Gesamtstrafe ist in solchem Falle nicht notwendig) oder er reicht über beide Tatbericht ein. — Werden ein Disziplinarvergehen und ein Vergehen, welches nur gerichtlich geahndet werden kann, gleichzeitig zur Bestrafung gemeldet (z. B. Trunkenheit im Dienst, § 151, und Widersetzung, § 96), so gilt das Gleiche. — Über das Zusammentreffen von Disziplinarvergehen mit Disziplinarübertretungen ist oben bereits das Nötige gesagt.

Von dem Zusammentreffen mehrerer selbständiger Handlungen (Realkonkurrenz) ist zu unterscheiden die Verletzung mehrerer Strafgesetze durch eine und dieselbe Handlung (Idealkonkurrenz). Werden durch eine und dieselbe Handlung mehrere Disziplinarvergehen begangen (z. B. Verweigerung des Gehorsams gegen einen Befehl in Dienstsachen durch eine achtungsverletzende Äußerung, §§ 94, 89 MStGB.), so ist es nicht möglich, das eine Disziplinarvergehen (etwa die Achtungsverletzung) im Disziplinarwege zu bestrafen und bezüglich des anderen (der Gehorsamsverweigerung) Tatbericht einzureichen. Die Tat ist vielmehr einheitlich entweder gemäß § 3 EG. z. MStGB. im Disziplinarwege (Gesamtstrafe gemäß §§ 54 MStGB., 73 RStGB.!) oder im gerichtlichen Verfahren zu ahnden. Ebenso ist, wenn ein Disziplinarvergehen mit einem nur gerichtlich strafbaren Vergehen in Tateinheit zusammentrifft (z. B. in dem genannten Beispiel geschah die Gehorsamsverweigerung vor versammelter Mannschaft oder gegen den Befehl, unter das Gewehr zu treten, §§ 95 und 89 MStGB.), die Vorabentscheidung des Disziplinarvergehens im Disziplinarwege nach § 3 EG. z. MStGB. nicht zulässig. Es bleibt in diesem Falle vielmehr die ganze Tat dem gerichtlichen Verfahren vorbehalten.

Ist gleichwohl in einem solchen Falle Disziplinarbestrafung erfolgt, so steht eine solche der Aburteilung der ganzen Tat im gerichtlichen Verfahren nach allen ihren rechtlichen Gesichtspunkten nicht im Wege. — Die Möglichkeit, daß eine und dieselbe Handlung im Sinne des § 73 RStGB. mehrere Strafgesetze verletzt, ist dann ausgeschlossen, wenn eine Gesetzesvorschrift als das speziellere Gesetz einer anderen allgemeinen Norm gegenüber ausschließlich anzuwenden ist. So ist z. B. bei einer sich als Drohung darstellenden Achtungsverletzung (§ 89 II MStGB.) für die Anwendung des § 241 RStGB. kein Raum. Die Tat könnte also in diesem Falle gemäß § 3 EG. z. MStGB. im Disziplinarwege geahndet werden.

Die wegen eines Disziplinarvergehens im Disziplinarwege verwirkte Strafe ist dem Militärstrafgesetzbuch zu entnehmen. Es darf also nur Arrest festgesetzt werden. Dabei ist die Bestimmung des § 22 Abs. 3 MStGB. zu beachten, daß strenger Arrest, wo das Gesetz ihn nicht in einzelnen Fällen ausdrücklich androht[1]), nur gegen denjenigen zulässig ist, welcher wegen militärischer Verbrechen oder Vergehen bereits mit einer Freiheitsstrafe bestraft worden ist. Die Bestrafung kann hier auch im Disziplinarwege auf Grund von § 3 EG. z. MStGB. vorher erfolgt sein. Eine vorherige Bestrafung wegen reiner Disziplinarübertretungen genügt aber nicht. Zur Zulässigkeit des strengen Arrestes nach § 22 Abs. 3 ist erforderlich, daß die frühere Strafe gänzlich oder teil-

[1]) Dies ist der Fall in §§ 66 Satz 2, 89 Abs. 2, 93 Abs. 1, 94, 141 Abs. 1, 146, 151 MStGB.

weise verbüßt oder erlassen ist. — Im Gegensatz zu den Disziplinarvergehen darf, wie bereits gesagt, wegen reiner Disziplinarübertretungen nach der DStO. auch als erste Disziplinarstrafe strenger Arrest verhängt werden.

Die Folge der ordnungsmäßigen Bestrafung eines Disziplinarvergehens nach § 3 EG. z. MStGB. im Disziplinarwege ist, einerlei ob die verhängte Strafe[1]) schon vollstreckt ist oder nicht, daß eine gerichtliche Strafverfolgung wegen der gleichen Handlung nicht mehr zulässig ist. Der Strafanspruch ist getilgt. Ist dagegen irrtümlich eine in Wirklichkeit nicht unter § 3 EG. z. MStGB. fallende strafbare Handlung, welche gerichtlich hätte bestraft werden müssen, im Disziplinarwege geahndet, so ist die gerichtliche Untersuchung einzuleiten (§ 45 DStO.), falls nicht inzwischen Verjährung eingetreten ist. Die etwa verbüßte Strafe kann im gerichtlichen Verfahren bei der Strafzumessung berücksichtigt werden. Bezüglich Aufhebung der irrtümlich verhängten Disziplinarstrafe gilt das S. 12 Gesagte.

Die verhängten Disziplinarstrafen sind auch im Kriege in die Strafbücher einzutragen (Krm. v. 24. 3. 16, AVBl. S. 155). Die Vollstreckung kann aus dienstlichen Gründen ausgesetzt werden, und zwar im Felde und beim Besatzungsheere von dem Disziplinarvorgesetzten, welcher die Strafe verhängt hat, sonst (gemäß § 457 MStGO. § 47 Abs. 2 DStO.) von dem Kommandierenden General. Während des Krieges können

[1]) „Verhängt" ist die Disziplinarstrafe mit der dienstlichen Bekanntgabe an den zu Bestrafenden. Nach diesem Zeitpunkt ist die Aufhebung oder Abänderung der Strafe durch den strafenden Vorgesetzten nicht mehr zulässig.

Disziplinarstrafen, und zwar gleicherweise die auf Grund § 1 Ziff. 1 DStO. wie § 3 EG. z. MStGB. verhängten, auf Antrag der Stelle, die sie verhängt hat, von den in §§ 16, 18 der Kaiserlichen Verordnung I v. 28. 12. 99[1]) bezeichneten militärischen Befehlshabern gemildert oder erlassen werden (§ 17 Ziff. 4 der Kaiserlichen Verordnung I). Die von Personen des Soldatenstandes eingereichten Gnadengesuche laufen auf dem militärischen Dienstwege an den Kontingentsherrn oder den in § 15 der Kaiserl. Verordnung genannten militärischen Befehlshaber. Ein Erlaß der Disziplinarstrafe bedeutet jedoch keine Löschung im Strafbuche. Eine solche ist nur im Gnadenwege durch Allerhöchste Entscheidung möglich[2]). Die in §§ 15, 16, 18 Kaiserl. Verordn. genannten Befehlshaber können die Löschung nicht bewilligen. Die Löschung von Disziplinarstrafen bei Kapitulanten sowie während des Krieges auch bei allen übrigen Militärpersonen vom Feldwebel usw. abwärts behandeln besonders AKO. v. 13. 6. 02, Krm. vom gleichen Tage, AVBl. S. 191 und 192, AKO. v. 7. 7. 17, dazu Krm. v. 10. 7. 17, AVBl. S. 366: Bei guter straffreier Führung im Dienste 4 Jahre hindurch (die 4 Jahre Dienstzeit brauchen nicht unmittelbar hintereinander abgeleistet zu sein) werden alle vor dieser Zeit erlittenen Disziplinarstrafen gelöscht.

Der Gerichtsoffizier kann neben seiner Tätigkeit als Organ des niederen Gerichtsherrn dem Disziplinar-

---

[1]) Vgl. Rotermund, Die Kaiserl. Verordnungen.

[2]) Über die Zweckmäßigkeit derartiger Löschungsanträge gilt das S. 46 Gesagte.

vorgesetzten bei der Ausübung der Disziplinarstrafgewalt durch Erteilung von Auskunft und Rat, auch bezüglich der Eintragungen in die Strafbücher[1]), nützliche Dienste leisten und dadurch insbesondere auch dazu beitragen, daß Aufhebungen oder Abänderungen nicht ordnungsmäßig verhängter Disziplinarstrafen durch den höheren Disziplinarvorgesetzten, die das Ansehen des Disziplinarvorgesetzten zu beeinträchtigen geeignet und im Interesse der Disziplin möglichst zu vermeiden sind, nicht notwendig werden.

II.

Standgerichtliches Verfahren.

Ist eine Erledigung des Straffalles im Disziplinarwege nicht möglich oder erscheint eine solche nicht angezeigt, so ist zu prüfen, ob die Zuständigkeit des Standgerichts gegeben ist. Die Aburteilung durch das Standgericht kann meist schneller erfolgen wie durch das Kriegsgericht und verdient daher im Felde in den dazu geeigneten Fällen, etwa von rechtlich besonders schwierigen Fällen abgesehen, den Vorzug.

1. Sachliche Zuständigkeit.

Das Standgericht ist zuständig einmal gemäß § 15 MStGO. für alle nur mit Arrest bedrohten militärischen Vergehen und für alle Übertretungen. Es kann

---

[1]) Bei Disziplinarvergehen ist der Paragraph des Militärstrafgesetzbuches, nach dem die Strafe verhängt ist, in Spalte „Grund" der Strafbücher anzugeben.

weiter nach § 16 MStGO. für die daselbst genannten Vergehen zuständig sein, wenn nach dem Ermessen des niederen Gerichtsherrn keine höhere Strafe als Freiheitsstrafe bis zu 6 Wochen oder Geldstrafe bis zu 150 Mark zu erwarten steht. Im Felde kann das Standgericht drittens zuständig werden infolge einer auf Grund des § 63 MStGO. erfolgten Überweisung der Strafverfolgung durch den höheren Gerichtsherrn. Auf Offiziere erstreckt sich die niedere Gerichtsbarkeit nicht (§ 14 MStGO.).

1. Nur mit Arrest bedrohte Vergehen (§ 15 Ziff. 1 MStGO.) sind: Achtungsverletzung (§ 89 Abs. 1 MStGB.), Belügen Vorgesetzter (§ 90), einfacher Ungehorsam (§ 92), einfache Wachvergehen (§ 141 Abs. 1, nicht im Felde), Verlassen des Platzes (§ 146 Satz 1) sowie leichtfertige Beschwerdeführung (§ 152 Abs. 2).

Da das Militärstrafgesetzbuch Übertretungen nicht kennt, kommen als Anwendungsfälle des § 15 Ziff. 2 MStGO. nur Übertretungen im Sinne des § 1 Abs. 3 RStGB. in Betracht (Einschränkung: § 2 MStGO.), z. B. „Mundraub" (§ 370 Ziff. 5 RStGB.), Entwendung von Getreide zur Fütterung der Dienstpferde (§ 370 Ziff. 6) — in diesen beiden Fällen ist Strafantrag erforderlich —, unbefugtes Tragen von Uniformen, von Orden oder Ordensbändern im Felde[1]) (§ 360 Ziff. 8). Im Interesse des militärischen Dienstes wird bei gering-

[1]) Das unbefugte Tragen in der Heimat ist durch besondere auf Grund des § 9b des Gesetzes über den Belagerungszustand v. 4. 6. 1851 ergangene Anordnungen der stellv. Generalkommandos unter Strafe gestellt. Unbefugtes Tragen der Gefreitenknöpfe ist nur disziplinarisch strafbar.

fügigen Übertretungen zweckmäßig von einer Hauptverhandlung abgesehen und der Straffall nach vorausgegangenem Ermittlungsverfahren ohne Hauptverhandlung durch eine vom Gerichtsoffizier mitzuunterzeichnende Strafverfügung erledigt. (§§ 349 bis 355 MStGO.) Die im Wege der Strafverfügung rechtskräftig verhängten Strafen (Geldstrafe oder Haft bis zu 14 Tagen) sind in die Strafbücher und in die Entlassungspapiere aufzunehmen.

2. In den Fällen des § 16 MStGO. kann der niedere Gerichtsherr die Verfolgung gewisser an sich der Zuständigkeit des höheren Gerichtsherrn unterliegender Strafsachen an sich ziehen, wenn nach seinem Ermessen keine höhere Strafe als Freiheitsstrafe bis zu 6 Wochen oder Geldstrafe bis zu 150 Mark zu erwarten steht. Es ist hier also eine doppelte Zuständigkeit gegeben. Die Prüfung des niederen Gerichtsherrn, bei der ihn der Gerichtsoffizier wesentlich unterstützen wird, muß eine sorgfältige sein, damit das Standgericht nicht erst in die Lage kommt, seine Unzuständigkeit aussprechen zu müssen (§ 330 MStGO.), weil es auf Grund der Hauptverhandlung eine höhere als die in § 16 vorgesehene Strafe für verwirkt erachtet. Bei der Prüfung sind sowohl die Tat als solche und ihre Folgen, als auch die Person des Täters (Vorstrafen, bisherige Führung, Erregung) in Betracht zu ziehen. Kommt der niedere Gerichtsherr auf Grund der Prüfung, möglicherweise erst nach voraufgegangenen durch den Gerichtsoffizier vorgenommenen Ermittlungen, zu der Überzeugung, daß die Zuständigkeit des Standgerichts nicht ausreicht, so ist die Sache an den höheren Gerichtsherrn abzugeben.

Dieser Überzeugung wird bei Abgabe der Sache zweckmäßig durch einen Zusatz wie etwa: „Ich halte eine Freiheitsstrafe von mehr als 6 Wochen für verwirkt"[1]) Ausdruck verliehen, damit der höhere Gerichtsherr sieht, daß diese Prüfung überhaupt stattgefunden hat, und den Eingang nicht etwa zur Erwägung gemäß § 16 nochmals zurückgibt. — Der Gerichtsherr der höheren Gerichtsbarkeit kann eine bei ihm anhängige Sache auch an den niederen Gerichtsherrn abgeben und bei Meinungsverschiedenheit hinsichtlich der Höhe der Strafe diesen gemäß § 24 MStGO. anweisen, die Untersuchung einzuleiten und fortzusetzen.

Neben den in § 16 MStGO. einzeln genannten Paragraphen des Militär- und Reichsstrafgesetzbuches[2]) kommen nach § 16 Abs. 1 Ziff. 1 Satz 2 („Arreststrafe auch ohne Feststellung eines minder schweren Falles zulässig") im Felde für eine standgerichtliche Aburteilung in Betracht insbesondere: militärischer Diebstahl und militärische Unterschlagung (§ 138 Abs. 1 MStGB.; gemeiner Diebstahl und Unterschlagung, § 242, 246 RStGB., nach § 16 Ziff. 3 Satz 2), Selbstbefreiung als Gefangener (§ 79), Entweichenlassen von Gefangenen (§ 144), Feigheit (§ 87; nicht Feigheit im Gefecht, § 85), Versuch der Bestimmung zu Straftaten (§ 116), Ab-

---

1) Vgl. Elsner v. Gronow aaO. S. 5/6.

2) Die in § 16 Ziff. 3 aufgeführten §§ 292, 293, 296 RStGB. (unbefugtes Jagen und Fischen) finden auf im besetzten Gebiete begangene Handlungen keine Anwendung. Jagd- und Fischereivergehen im besetzten Gebiet sind vielmehr als Ungehorsam zu bestrafen. Einziehung kann auf Grund des § 40 RStGB. erfolgen.

halten von Beschwerden und Unterdrückung solcher § 117), Mißbrauch des Beschwerderechts (§ 152 Abs. 1 MStGB.), Beutemachen (§ 128), Verwüstung (§ 132 Satz 1), Wachvergehen (§ 141 Abs. 1 Satz 2), Verlassen des Platzes (§ 146 Satz 2), Körperverletzung durch unvorsichtige Behandlung von Waffen oder Munition (§ 148 Satz 1), Nichtanzeigen einer beabsichtigten Fahnenflucht (§ 77), Vorschützen von Gebrechen (§ 83; nicht § 85 Ziff. 2!).

3. Nach § 63 MStGO. kann der höhere Gerichtsherr die Verfolgung der daselbst genannten Vergehen im Felde dem Gerichtsherrn der niederen Gerichtsbarkeit überweisen, wenn er nach den Umständen des Falles annimmt, daß auf keine höhere Strafe als Freiheitsstrafe von drei Monaten oder Geldstrafe von 600 Mark zu erkennen sein werde. Die Überweisung kann sowohl vor als auch nach Einleitung des Ermittlungsverfahrens und auch noch nach Erhebung der Anklage bis zum Beginn der Hauptverhandlung erfolgen. In dem Ermessen des hiernach zuständigen niederen Gerichtsherrn liegt es, ob er einschreiten will oder nicht; denn eine Anweisung zum Einschreiten liegt in dieser Überweisung der Verfolgung nicht[1]), sondern nur eine Übertragung der Zuständigkeit. Jedoch ist bei Überweisung der Strafverfolgung nach Erhebung der Anklage die Vorschrift des § 260 MStGO. zu beachten. — Die in § 63 genannten Strafhöhen stimmen nicht mit denen des

[1]) Anders im Falle des oben erwähnten § 24 MStGO., welcher dem höheren Gerichtsherrn das Recht gibt, den niederen Gerichtsherrn anzuweisen, ein Ermittlungsverfahren anzuordnen und auch die Anklageverfügung zu erlassen.

§ 47 überein, da das Standgericht im Felde nach § 47 auf Geldstrafe nur bis zur Höhe von 300 Mark erkennen kann. Maßgebend für die Zuständigkeit des Standgerichts bezüglich der Höhe der zu verhängenden Strafe ist § 47 MStGO.

Erachtet das Standgericht in der Hauptverhandlung die Überschreitung der ihm in den §§ 15, 16, 63, 47 Abs. 1 Satz 2 MStGO. gezogenen Strafgrenzen für geboten, so hat es seine Unzuständigkeit auszusprechen und die Sache an das Kriegsgericht zu verweisen (§ 330 MStGO.).

Von den strafbaren Handlungen, für die nach Vorstehendem die Zuständigkeit des Standgerichts in Frage kommt, seien einige hervorgehoben. Bei Eigentumsvergehen hat der Gerichtsoffizier besonders zu prüfen, ob vorliegt: 1. Diebstahl, und zwar militärischer (§ 138 MStGB.) oder gemeiner Diebstahl (§ 242 RStGB.), Diebstahl aus Not (§ 248a RStGB.), schwerer Diebstahl (§ 243 RStGB.), oder Rückfallsdiebstahl (§ 244, 245 RStGB.) — in den beiden letzteren Fällen ist allein das Kriegsgericht zuständig —, oder 2. Unterschlagung, und zwar militärische (§ 138 MStGB.) oder gemeine Unterschlagung (§ 246 RStGB.) oder Unterschlagung aus Not (§ 248a RStGB.), oder 3. sog. Mundraub (§ 370 Ziff. 5 RStGB. in der Fassung der Nov. v. 19. 6. 12). Für die Annahme eines Mundraubs[1]) ist entscheidend die Absicht des Täters zur

---

[1]) Daß zur strafgerichtlichen Verfolgung Strafantrag des Eigentümers oder Gewahrsamsinhabers erforderlich ist, ist

Zeit der Begehung der Tat. In den meisten Fällen wird der Täter einen alsbaldigen Verbrauch der Nahrungs- oder Genußmittel für sich selbst beabsichtigen. Es ist dies jedoch nicht unbedingt notwendige Voraussetzung. Seine Absicht kann auch auf einen alsbaldigen Verbrauch durch einen anderen gerichtet sein. Wenn er hierbei aber zugleich den eigenen Vorteil bezweckt, wenn er z. B. die Absicht der entgeltlichen Veräußerung hat, so ist die Annahme eines bloßen Mundraubs nicht mehr gerechtfertigt. Bricht oder steigt der Täter ein lediglich in der Absicht, einen Mundraub auszuführen, so kann er nicht wegen Einbruchdiebstahls bestraft werden, sondern wenn er in Ausführung seiner Absicht Gegenstände des § 370 Ziff. 5 entwendet, nur wegen Mundraubs, wenn er nach dem Einbrechen oder Einsteigen entgegen seiner ursprünglichen Absicht andere Gegenstände sich aneignet, wegen einfachen Diebstahls (§ 138 MStGB. oder § 242 RStGB.). Doch wird zu prüfen sein, ob der Täter, wenn er auch in letzterem Falle zur Zeit der Begehung der Tat in erster Linie die Absicht hatte, einen Mundraub zu begehen, nicht doch gleichzeitig für den Fall, daß er die erwarteten Nahrungs- oder Genußmittel zum alsbaldigen Verbrauch nicht vorfinden sollte, beabsichtigte, auch andere Sachen sich anzueignen. Ist der Täter mit diesem sog. dolus eventualis eingebrochen und hat er dann andere Gegenstände als die des § 370 Ziff. 5 entwendet, so ist er nicht wegen einfachen Diebstahls, sondern wegen Ein-

bereits oben gesagt. Bei Fehlen des Strafantrags kommt nur disziplinarische Ahndung in Frage. Im Falle einer solchen ist im Strafbuch zu vermerken, daß Strafantrag nicht gestellt ist.

bruchdiebstahls zu bestrafen. Bricht er von vornherein zum Zwecke der Ausführung etwa eines Gelddiebstahls in die Kantine ein und nimmt er dann, weil er kein Geld findet, Nahrungsmittel von geringem Wert zu alsbaldigem Gebrauch weg, so ist die Tat als versuchter schwerer Diebstahl strafbar. — Bei Entwendungen oder Unterschlagungen von Nahrungsmittel enthaltenden Paketen (z. B. Feldpostpaketen) ist zu beachten, daß die gleichzeitige ohne selbständige Zueignungsabsicht erfolgte Wegnahme der Umhüllung von geringem Werte, in welcher sich das begehrte Nahrungs- oder Genußmittel befindet, die Annahme eines Mundraubs nicht ausschließt. Hatte der Täter aber bei der Eröffnung des Paketes die Absicht, es sich hierdurch mit seinem Inhalt anzueignen, gleichgültig, worin dieser bestand, so würde die Annahme eines Mundraubs ausgeschlossen sein. Die Entwendung von Feldpostpaketen auf der Post ist nach § 133 strafbar, da es sich um Gegenstände handelt, die sich zur amtlichen Aufbewahrung an einem dazu bestimmten Orte befinden. — Der sog. Felddiebstahl (z. B. Stehlen von Kartoffeln auf dem Felde) ist aus § 242 oder § 248a oder § 370 Ziff. 5 RStGB. (falls in letzterem Falle Strafantrag fehlt, disziplinarisch) oder, wenn gegen besondere militärische Verbote verstoßen ist, als Ungehorsam (§ 92 MStGB.) zu bestrafen[1]).

An herrenlosen Gegenständen ist kein Diebstahl möglich. Um eine Sache herrenlos zu machen, ist aber die Absicht des Eigentümers erforderlich, das

[1]) Für die besetzten feindlichen Landesteile des Westens gilt die Verordnung des Generalquartiermeisters vom 30. 8. 1918.

Eigentum schlechthin aufzugeben. Herrenlos sind also z. B. nicht Bekleidungs- und Ausrüstungsstücke gefallener Kameraden („Abnahme" nach § 134 MStGB. strafbar), Einrichtungsgegenstände verlassener Häuser. Doch kommt die Annahme der Herrenlosigkeit der angeeigneten Sache dem Täter nach § 59 RStGB. zugute, auch wenn die Annahme auf Rechtsirrtum beruht. Bei erfahrungsgemäß für den Soldaten besonders nötigen Sachen in Feindesland (vgl. § 130 MStGB.) wird die Zueignung regelmäßig nicht als rechtswidrig anzusehen sein. Wenn bei der Ausführung gegen militärische Verbote verstoßen ist, so tritt Strafbarkeit wegen Ungehorsam ein. Eine Zusammenfassung der wichtigsten Grundsätze des Beuterechts gibt KrMin. v. 8. 12. 14 (ABBl. S. 434, abgedruckt in Romen-Rissom § 128 Anm. 9).

Bei unbefugter Ingebrauchnahme fremder Gegenstände fehlt die Absicht rechtswidriger Zueignung. Insbesondere macht sich der Soldat, der unbefugt zum militärischen Dienstgebrauch bestimmte fiskalische Gegenstände lediglich in Benutzung nimmt, weder eines Vergehens gegen § 242 RStGB., noch eines solchen gegen § 138 MStGB., sondern nur einer disziplinarisch zu ahndenden Straftat schuldig, falls sich nicht aus besonderen Umständen die Absicht ergibt, als Eigentümer mit Ausschließung des Fiskus über den Gegenstand zu verfügen [1]).

Unerlaubte Entfernungen im Felde können vom Standgericht abgeurteilt werden, wenn sie die Dauer

[1]) Vgl. oben S. 9.

von 3 Tagen nicht überschreiten (§ 64 MStGB.). Unerlaubte Entfernungen im Felde länger als 3 Tage, und zwar bis zu 7 Tagen können zwar im Disziplinarwege nach § 3 EG. z. MStGB. geahndet werden, sind der Zuständigkeit des Standgerichts aber entzogen. Über die Berechnung der Dauer der Entfernung ist oben das Nötige gesagt. Der unerlaubten Entfernung wird es gleichgeachtet, wenn ein Soldat im Felde es unterläßt, der Truppe, von welcher er abgekommen ist, oder der nächsten Truppe sich wieder anzuschließen (§ 65 Ziff. 1 MStGB.). Liegt Verdacht der Fahnenflucht vor, so ist die Sache an das höhere Gericht abzugeben. Über Erlaß von Steckbriefen bei Verdacht der Fahnenflucht durch die Militärvorgesetzten vor Abgabe der Sache vgl. S. 50.

Bei Wachvergehen (§ 141 MStGB.) ist darauf zu achten, ob durch die Pflichtverletzung im Felde ein Nachteil verursacht (Abs. 2; z. B. die Ausführung eines Einbruchdiebstahls ermöglicht ist) oder die Gefahr eines erheblichen Nachteils herbeigeführt ist und ob in letzterem Falle die Pflichtverletzung vor dem Feinde (§ 11 MStGB.) begangen ist (Abs. 3; z. B. es ist durch Verlassen des Alarmpostens die Gefahr eines feindlichen Eindringens in die Stellung herbeigeführt). In diesen Fällen (§ 141 Abs. 2 und 3 MStGB.) ist die Zuständigkeit des Kriegsgerichts gegeben. Tateinheit mit § 87 (Feigheit), § 62 (Verletzung von Dienstpflichten im Felde), § 144 (Entweichenlassen eines Gefangenen) ist möglich.

Die Feststellung, ob die Tatbestandsmerkmale „unter dem Gewehr" und „vor versammelter Mannschaft"

(§ 12 MStGB.) gegeben sind, ist von besonderer Bedeutung für die Vergehen der „Achtungsverletzung" (§ 89) und der „Gehorsamsverweigerung" (§§ 92, 93, 94). „Unter dem Gewehr" steht der Untergebene nicht schon dann, wenn er bewaffnet ist und sich im Dienst befindet, sondern wenn er in vorschriftsmäßiger Bewaffnung (Gewehr, Seitengewehr, Maschinengewehr, Geschütz und andere Waffen stehen gleich) unter dem Kommando eines Vorgesetzten zum Dienst, und zwar zu dem speziellen Waffendienst angetreten ist. Die Achtungsverletzung kann standgerichtlich (wie auch disziplinarisch) geahndet werden, auch wenn sie „vor versammelter Mannschaft" oder „unter dem Gewehr" begangen ist. Ist dagegen der erschwerte Ungehorsam (§ 94 MStGB.), zu dessen Aburteilung das Standgericht nach § 16 Ziff. 1 zuständig sein kann, „vor versammelter Mannschaft" oder „gegen den Befehl, unter das Gewehr zu treten" oder „unter dem Gewehr" begangen, so ist das Kriegsgericht zuständig. Tateinheit zwischen Ungehorsam (§ 94) und Achtungsverletzung ist möglich und liegt häufig vor.

Einige Worte über die strafrechtliche Bedeutung der Trunkenheit des Täters bei Begehung strafbarer Handlungen. Nach § 49 II MStGB. bildet die selbstverschuldete Trunkenheit bei strafbaren Handlungen gegen die Pflichten der militärischen Unterordnung sowie bei allen in Ausübung des Dienstes begangenen strafbaren Handlungen keinen Strafmilderungsgrund für den Täter. Die Trunkenheit kann also in diesen Fällen des § 49 Abs. 2 zur Begründung eines minder schweren Falles oder sonst eines niedrigeren Strafrahmens nicht benutzt werden. Dagegen kann die Trunkenheit auch in diesen Fällen innerhalb des gewöhnlichen Strafrahmens als strafmildernd berücksichtigt werden, auch steht bei Verstößen gegen die Vorschriften des Reichsstrafgesetzbuches ihrer Berücksichtigung als mildernder Umstand gesetzlich nichts entgegen. — Ist die selbstverschuldete Trunkenheit derart, daß sie die Zurechnungsfähigkeit des Täters ausschließt, so bildet sie einen Strafausschließungsgrund (§ 51 RStGB.). Wird ein Angeklagter deshalb (z. B. von der Anklage der Beleidigung Vorgesetzter) freigesprochen, so kann er doch auf Grund des § 1 Ziff. 1 DStO. oder des § 151 MStGB. bestraft werden. Nach § 151 macht sich strafbar, wer im Dienste oder nachdem er zum Dienste befehligt worden, sich vorsätzlich oder fahrlässig durch Trunkenheit zur zuverlässigen Ausführung seiner Dienstverrichtung untauglich macht. Die im Zustande dieser Trunkenheit begangenen strafbaren Handlungen treten mit der Trunkenheit in Realkonkurrenz; sie werden nicht etwa durch eine — nach § 3 EG. z. MStGB. zulässige — Disziplinarbestrafung wegen Trunkenheit im Dienste erledigt. Liegt ein besonderes Verbot des Genusses geistiger Getränke vor, so ist Tateinheit von § 151 mit § 92 möglich. War der Täter schon betrunken, als er zum Dienst befehligt wurde, so ist er nach § 1 Ziff. 1 DStO. disziplinarisch zu bestrafen. — Sucht ein Soldat sich aus Feigheit durch absichtlich veranlaßte Trunkenheit dem Gefecht oder vor dem Feinde einer sonstigen mit Gefahr für seine Person verbundenen Dienstleistung zu entziehen (§ 85 Ziff. 2; zuständig die höhere Gerichtsbarkeit), so ist die Anwendung des § 151 ausgeschlossen.

2. Verfahren.

Was das **Verfahren** betrifft, so seien einige allgemeine Gesichtspunkte und prozessuale Bestimmungen hervorgehoben.

Der Tatbericht des militärischen Vorgesetzten (§ 153 Abs. 2 MStGO.), welcher in der Regel die Grundlage für die Anordnung des Ermittlungsverfahrens bildet, soll auf sorgfältigster Nachprüfung beruhen und die Verdachtsgründe und Beweismittel für die dem Beschuldigten zur Last gelegte Tat angeben. Der Einreichung eines solchen bedarf es nur, wenn Verdacht einer militärgerichtlich zu verfolgenden strafbaren Handlung vorliegt. Im Felde kann der Gerichtsherr von einem schriftlichen Ermittlungsverfahren ganz wie auch von schriftlicher Aufnahme aller oder einzelner Nachforschungsergebnisse Abstand nehmen (§ 170 MStGO.). In vielen Fällen wird der Tatbericht für die Klarstellung der Sachlage in der Hauptverhandlung ausreichen[1]). Auf jeden Fall ist das Ermittlungsverfahren nicht weiter auszudehnen, als erforderlich ist, um eine Entscheidung darüber zu begründen, ob Anklage zu erheben oder die strafgerichtliche Verfolgung einzustellen sei. Auf die Genauigkeit der ersten Ermittlungen hat der Gerichtsoffizier besonderes Gewicht zu legen, damit der Sachverhalt so schnell wie möglich geklärt wird. Zu diesem Zwecke hat er bis zum Einschreiten seines Gerichtsherrn alle keinen Aufschub gestattenden Anordnungen zu treffen und, falls die schleunige Vornahme einer richterlichen Untersuchungshandlung erforderlich erscheint, diese

[1]) Vgl. GenQuM. v. 18. 7. 18.

auf Ersuchen des militärischen Vorgesetzten, äußersten Falles auch ohne solches Ersuchen vorzunehmen. In Fällen, in denen es zweifelhaft ist, ob die Sache zur Zuständigkeit des niederen oder höheren Gerichtsherrn gehört, ist es zulässig, daß der niedere Gerichtsherr zunächst das Ermittlungsverfahren anordnet. Die vom Gerichtsoffizier veranlaßten Untersuchungshandlungen sind gültig, auch wenn sich später herausgestellt, daß der höhere Gerichtsherr zuständig ist.

Fallen dem Beschuldigten mehrere strafbare Handlungen zur Last und erscheint für die Strafzumessung die Feststellung des einen oder des anderen Straffalles unwesentlich, so soll der Gerichtsherr im Felde regelmäßig in Ansehung eines solchen bis zur rechtskräftigen Entscheidung über die anderen Fälle von einer Anklage absehen (§ 253 Abs. 2 MStGO.). Von dieser Vorschrift ist im Felde in allen geeigneten Fällen Gebrauch zu machen, damit der Beschuldigte wegen der zur Entscheidung reifen Straftaten sobald wie möglich abgeurteilt wird. Die Zurückstellung eines solchen noch nicht aufgeklärten, für die Beurteilung der anderen Straffälle nicht wesentlichen Falles erfolgt durch vorläufige Einstellung, die bis zur rechtskräftigen Entscheidung der anderen Straffälle nachgeholt werden kann. — Ähnlich kann auch das erkennende Gericht in der Hauptverhandlung, wenn die Anklage mehrere selbständige Handlungen umfaßt und das Gericht die eine oder andere Sache noch nicht für spruchreif erachtet, Sachen abtrennen[1]) und die spruchreifen zum

[1]) Verbinden kann das erkennende Gericht, von § 319 abgesehen, mehrere gegen denselben Täter bei demselben

Urteil bringen und im übrigen vertagen. — Auf die Möglichkeit und Zweckmäßigkeit der Vorabерledigung einer disziplinarisch strafbaren Handlung neben einer gerichtlich zu ahndenden Straftat ist oben bereits hingewiesen.

Kommen bei gerichtlichen Untersuchungen Verstöße gegen die militärische Zucht und Ordnung zur Sprache, so sind sie alsbald dem militärischen Vorgesetzten bekannt zu geben, damit nicht etwa die Dreimonatsfrist (§ 44 DStO.) abläuft und dadurch die Bestrafung unmöglich gemacht wird. — Machen sich Personen des Soldatenstandes in der Sitzung einer Ungebühr schuldig, so sind sie nach § 290 Abs. 2 MStGO. disziplinarisch mit Arrest zu bestrafen (falls nicht gerichtliche Verfolgung eintritt). Die Bestrafung erfolgt durch den Gerichtsherrn, falls dieser zugleich Disziplinarvorgesetzter ist, andernfalls auf sein Ersuchen durch den nächsten Disziplinarvorgesetzten. — Ergibt das gerichtliche Verfahren, daß die verfolgte Handlung nur disziplinarisch geahndet werden kann und wird deshalb das Verfahren eingestellt[1]) oder der Angeklagte freigesprochen (weil sich z. B. herausstellt, daß nur eine fahrlässige, nicht, wie in der Anklage angenommen, vorsätzliche Beschädigung von Dienstgegenständen, § 137, vorliegt), so darf, wenn das

---

Gerichtsherrn anhängige Sachen nicht. Hierzu ist nur der Gerichtsherr befugt.

[1]) Die Benachrichtigung des vernommenen Beschuldigten von der Einstellung des gegen ihn eingeleiteten Verfahrens gemäß § 246 MStGO. kann formlos, auch durch die vorgesetzte Dienststelle, der die Akten zur Kenntnis zugehen, erfolgen.

in der Einstellungsverfügung oder in dem Urteil gewürdigte Verhalten des Beschuldigten sich als Zuwiderhandeln gegen militärische Zucht und Ordnung, als Disziplinarübertretung (DStO. § 1 Nr. 1) darstellt, die Disziplinarbestrafung noch drei Monate nach Einstellung des Verfahrens oder Eintritt der Rechtskraft des Urteils erfolgen. Ist der Gerichtsherr zugleich der höhere Disziplinarvorgesetzte, so kann er selbst die Strafe verhängen (§ 15 Ziff. 4 DStO.). Will er das nicht, so gibt er die Akten an den zuständigen Disziplinarvorgesetzten ab. Dieser ist bei der Prüfung, ob eine solche Disziplinarübertretung vorliegt, an die Feststellungen der Einstellungsverfügung oder des Urteils nicht gebunden und kann, wenn er einen Verstoß gegen die militärische Zucht und Ordnung in dem Verhalten des Mannes nicht erblickt, diesen unbestraft lassen. Doch ist es wünschenswert, daß er so verfährt, daß das Ansehen der gerichtlichen Entscheidung nicht erschüttert wird. — Ist der Beschuldigte durch das Ermittlungsverfahren einer nach § 3 EG. z. MStGB. im Disziplinarwege strafbaren Handlung überführt und hält der Gerichtsherr einen leichteren Fall für vorliegend, so verhängt er, falls er zugleich Disziplinarvorgesetzter des Beschuldigten ist, entweder selbst die Disziplinarstrafe oder überläßt die Verhängung einem ihm unterstellten Disziplinarvorgesetzten des Beschuldigten (§ 251 MStGO.)[1]). Dieser ist an die Anschauung des Gerichtsherrn bezüglich der Strafbarkeit der Tat sowie der Verpflichtung, sie im Disziplinarwege zu ahnden, nicht un-

[1]) Eine Einstellung des Verfahrens findet hier nicht statt.

bedingt gebunden. Hat er Bedenken gegen die Verhängung der Disziplinarstrafe und lehnt sie deshalb ab, so bleibt dem Gerichtsherrn die Möglichkeit, die Strafe als höherer Disziplinarvorgesetzter selbst festzusetzen. Ist der Gerichtsherr dagegen nicht zugleich höherer Disziplinarvorgesetzter des Beschuldigten und ist der Disziplinarvorgesetzte des Beschuldigten, an den er die Sache zur disziplinarischen Erledigung gemäß § 251 MStGO. abgegeben hat, der Ansicht, daß ein leichterer, zur Ahndung im Disziplinarwege geeigneter Fall nicht vorliegt und läßt die Sache deshalb an den Gerichtsherrn zur gerichtlichen Erledigung zurückgelangen, so muß dieser die Anklage verfügen.

Bei der ersten Vernehmung des Beschuldigten durch den Gerichtsoffizier sind die strafbaren Handlungen, welche dem Beschuldigten zur Last gelegt werden, im Protokoll selbst zu verzeichnen. Der Vorhalt: „es wurde ihm eröffnet, wessen er beschuldigt werde", oder der Hinweis auf den Tatbericht oder dergleichen genügt nicht. Die Ermittlung der persönlichen Verhältnisse hat sich insbesondere auch auf etwaige Vorbestrafungen zu erstrecken, deren Feststellung nicht nur für die Frage des Rückfalles (§ 13 MStGB.)[1]), sondern auch für die Strafzumessung von Bedeutung sein kann. — Die Vernehmung der Zeugen soll im Ermittlungsverfahren regelmäßig eine uneidliche sein und bis zur Hauptverhandlung ausgesetzt bleiben (§ 195 Abs. 1 MStGO.).

---

[1]) Vgl. §§ 70, 71, 114 Abs. 2, 122 Abs. 2 MStGB., §§ 244, 245, 261, 264 RStGB.

In den drei Fällen des § 195 Abs. 2 MStGO. hat die Beeidigung jedoch schon im Ermittlungsverfahren zu erfolgen. Im Felde werden die Voraussetzungen, daß der Zeuge voraussichtlich am Erscheinen in der Hauptverhandlung verhindert oder sein Erscheinen wegen großer Entfernung besonders erschwert sein wird, vielfach vorliegen und die Beeidigung des Zeugen notwendig machen oder doch rechtfertigen. Es wird durch die Beeidigung der Gefahr vorgebeugt, daß die Hauptverhandlung infolge Nichterscheinens eines etwa inzwischen verwundeten[1]) Zeugen, dessen Aussage für die Feststellung des Tatbestandes von Bedeutung ist, vertagt werden muß, da dessen uneidliche Aussage im Hauptverhandlungstermin nicht verlesen werden kann (§ 305 MStGO.), und dadurch die Erledigung des Verfahrens verzögert wird. Erfolgt die Beeidigung eines Zeugen im Ermittlungsverfahren auf Grund des § 195 Abs. 2 MStGO., so ist der Grund der Beeidigung nach Wortlaut des Gesetzes aktenkundig zu machen. Der Vermerk: „vereidigt gemäß § 195 Abs. 2 MStGO." genügt nicht, da § 195 Abs. 2 mehrere Gründe enthält. Der Beschuldigte ist von dem Termine, soweit dies ohne Aufenthalt für die Sache geschehen kann, zu benachrichtigen (§ 165 Abs. 2 und 3). Einen Anspruch auf Anwesenheit hat er, falls er dem aktiven Heere angehört oder sich nicht auf freiem Fuße befindet, nur bei solchen Terminen, welche an dem Orte abgehalten werden, wo er

---

[1]) Die Aussage eines inzwischen gefallenen oder in Gefangenschaft geratenen Zeugen kann, auch wenn die Vernehmung uneidlich erfolgt ist, nach § 305 Abs. 3 Satz 2 MStGO. in der Hauptverhandlung auf Gerichtsbeschluß verlesen werden.

sich dienstlich aufhält oder in Haft befindet (§ 105 Abs. 4). Ersucht der niedere Gerichtsherr im Ermittlungsverfahren einen anderen Richter um eidliche Vernehmung eines Zeugen gemäß § 195 Abs. 2, so sind ebenfalls, wie auch im Falle des § 270 MStGO., die Gründe, aus denen die Beeidigung vor der Hauptverhandlung erfolgen soll, anzugeben. Auch ist in dem Ersuchen zu bemerken, daß der Gerichtsherr — dies wird regelmäßig der Fall sein — auf Benachrichtigung von dem Termin verzichtet, da der ersuchte Richter ihn andernfalls, soweit angängig, von diesen zu benachrichtigen hat.

Die Zuständigkeit des mit der Sache befaßten niederen Gerichts kann infolge von Veränderungen in der persönlichen Dienststellung des Beschuldigten, falls diese Veränderungen vor Erhebung d. h. vor Bekanntgabe der Anklageverfügung (§§ 255, 256 MStGO.) eintreten, aufhören (§ 259 MStGO.). Ist die Anklage einmal bekanntgegeben, so bleibt der bisherige Gerichtsherr zuständig, insbesondere z. B. auch, wenn der mobile Beschuldigte unter einen anderen mobilen Befehlshaber tritt (Krm. 15. 8. 17). Für das Feldverfahren ist jedoch noch die besondere Bestimmung des § 433 MStGO. zu beachten, daß, wenn der Beschuldigte im Laufe eines im Felde eingeleiteten Strafverfahrens zu einem immobilen militärischen Verbande versetzt oder einem solchen überwiesen wird, die Überleitung in das ordentliche Verfahren stattfindet. Danach führt im Felde die Versetzung oder Überweisung des Beschuldigten zu einem immobilen Truppenteil auch nach Erhebung der Anklage und zwar bis zum Spruch des Urteils die Unzuständigkeit des bisherigen Gerichts herbei[1]). Mit der Überführung einer verwundeten oder kranken Militärperson nach der Heimat oder in das Gebiet eines Generalgouvernements[2]) geht die Zuständigkeit auf die in AKO. v. 20. 5. 16 (AVBl. S. 220) genannten Gerichtsherren über. Muß aus einem solchen Grunde die Sache an ein anderes Gericht abgegeben werden, so ist zuvor der Sachverhalt durch Erheben der zur alsbaldigen Aburteilung erforderlichen im Felde vorhandenen Beweismittel, gegebenenfalls eidliche Zeugenvernehmung gemäß § 195 Abs. 2 MStGO., damit nicht die Feststellung des Tatbestandes — sei es wegen Verlustes oder erschwerter Ermittlung der Beweismittel, sei es wegen Verblassens der Erinnerung — vereitelt wird, so weit festzustellen, daß ein die Erledigung des Verfahrens verzögerndes Hinundhersenden der Akten vermieden wird.

Über die im standgerichtlichen Verfahren zulässige Strafe ist bereits Einiges gesagt[3]). Hervorgehoben zu werden verdient die Bestimmung des § 17 MStGB., daß die Freiheitsstrafe im Sinne des Militärstrafgesetz-

---

[1]) Den umgekehrten Weg — Übertritt in ein mobiles Verhältnis aus dem immobilen — regelt § 6 der Kaiserlichen Verordnung I v. 28. 12. 99.

[2]) Die Ausübung der Gerichtsbarkeit über im Etappengebiet befindliche Militärpersonen durch den Etappenkommandanten ist geregelt durch § 2 Kaiserl. Verordnung I vom 28. 12. 99.

[3]) Über Milderung des Urteils bei der Bestätigung vergleiche § 12 der Kaiserlichen Verordnung I v. 28. 12. 99. Bestätigungsorder lautet: „Ich bestätige das Urteil mildernd dahin, daß . . .“

buches, wenn ihre Dauer mehr als sechs Wochen beträgt, Gefängnis oder Festungshaft, bei kürzerer Dauer Arrest ist. Hiernach ist der Mindestbetrag von Gefängnis für ein militärisches Vergehen 43 Tage. Hält das Standgericht wegen eines militärischen Vergehens eine Freiheitsstrafe von sechs Wochen oder weniger als sechs Wochen für verwirkt, so muß auf Arrest erkannt werden. Wegen eines Vergehens des Reichsstrafgesetzbuches ist im Gegensatz hierzu eine Gefängnisstrafe von einem Tage ab zulässig. — Die Verhängung von Festungshaft ist nach dem Militärstrafgesetzbuch zwar nicht auf Angehörige höherer militärischer Grade beschränkt. Aber die Regelung der Vollstreckung in §§ 99f. MStrV. I zeigt, daß Festungshaft nur für Personen höherer Bildung und besserer Vermögenslage bestimmt ist und nur gegen diese zweckentsprechend durchgeführt werden kann[1]. — Bei Arreststrafen ist zu beachten, daß mittlerer Arrest nur gegen Gemeine und Unteroffiziere ohne Offizierseitengewehr und strenger Arrest nur gegen Gemeine (Gefreite usw.) zulässig ist. Strenger Arrest ist außerdem nur unter den Voraussetzungen des § 22 Abs. 3 MStGB. statthaft. Ist aus mehreren ungleichartigen Arreststrafen eine Gesamtstrafe zu bilden (§ 54 MStGB., § 74 RStGB.), so gilt ein Tag strengen Arrestes gleich zwei Tagen mittleren Arrestes, ein Tag mittleren Arrestes gleich zwei Tagen gelinden Arrestes (§ 54 Abs. 2). Bei Zusammentreffen von Arrest- mit Gefängnisstrafen ist der

---

[1] Vgl. Lorenz-Haeger, Neueres Militärstrafrecht 1917, Anm. 1a zu § 16 MStGB.

Arrest, ohne Unterschied der Grade, als mit Gefängnis gleichartig und hinsichtlich der Umrechnung als gleichwertig anzusehen. Einzusetzen ist die längere Strafe. Die Höchstdauer des Arrestes (4 Wochen strenger, 6 Wochen mittlerer Arrest) darf aber auch in diesem Falle nicht überschritten werden. — Die Haftstrafe ist keine härtere Strafe als gelinder Arrest. Auf sie ist, wenn sie mit Gefängnis oder Arrest zusammentrifft, stets gesondert zu erkennen. — Auf Geldstrafe darf, wo die allgemeinen Strafgesetze Geldstrafe und Freiheitsstrafe wahlweise androhen — das Militärstrafgesetzbuch kennt die Geldstrafe wie auch Haftstrafe nicht —, nicht erkannt werden, wenn durch die strafbare Handlung zugleich eine militärische Dienstpflicht verletzt worden ist (§ 29 MStGB.). Eine solche Verletzung liegt z. B. bei Mißhandlung oder Beleidigung von Kameraden vor. Für den Fall, daß eine verhängte Geldstrafe nicht beigetrieben werden kann, ist im Urteilstenor die dafür eintretende Freiheitsstrafe festzusetzen (vgl. §§ 28, 29 RStGB.). Ist diese Festsetzung versehentlich unterlassen worden und kann die verhängte Geldstrafe nicht beigetrieben werden, so ist die Geldstrafe auch in Fällen der niederen Gerichtsbarkeit durch Verfügung des höheren Gerichtsherrn in die entsprechende Freiheitsstrafe umzuwandeln (§ 463 MStGO.). — Fälle, in denen die Verhängung einer Ehrenstrafe zu erwarten steht, sind der höheren Gerichtsbarkeit vorbehalten. Jedoch kann das Feldstandgericht auch auf Versetzung in die zweite Klasse des Soldatenstandes erkennen (§ 15 Abs. 3 MStGO.). Diese Versetzung hat den dauernden Verlust der Orden, z. B. auch des Eisernen

Kreuzes [1]), zur Folge. Die Besitzzeugnisse sind dem Verurteilten abzunehmen [2]). Auch durch Rehabilitierung [3]) werden die Orden nicht wieder erworben. Die Entfernung vom Gefreitendienstgrade ist keine militärische Ehrenstrafe im Sinne des Militärstrafgesetzbuches, sondern lediglich Disziplinarstrafe. Sie kann als Zusatzstrafe, ebenso wie z. B. Entziehung der freien Verfügung über die Löhnung, neben einer gerichtlichen Strafe wegen der gleichen Strafart verhängt werden.

Über die Vollstreckung der Strafen [4]), die sobald wie möglich nach der Verhängung zu erfolgen hat, vergleiche §§ 128, 129 MStV. I. Die Vollstreckung der einzelnen Arrestarten im Kriege — diese erfolgt bei den im Disziplinarwege und den durch Urteil verhängten Arreststrafen in gleicher Weise — ist geregelt durch Armeebefehl v. 1. 8. 14 (AVBl. S. 281, abgedruckt bei Romen-Rissom, MStGB. § 28), Krm. v. 8. 6. 16 (AVBl. S. 245), Armeebefehl v. 18. 5. 17 (AVBl. S. 293). Es ist jedoch nicht außer acht zu lassen, daß

---

[1]) Nicht aber des Verwundeten-Abzeichens, da dieses keine Auszeichnung ist. Krm. 4. 9. 18.

[2]) Krm. v. 15. 7. 18, AVBl. Nr. 751 S. 411.

[3]) Vgl. über diese §§ 15, 16, 17 Ziff. 3, 18 der Kaiserlichen Verordnung I v. 28. 12. 99 (zuständig der Befehlshaber einer selbständigen mobilen Division) sowie Allerhöchsten Gnadenerlaß v. 27. 1. 15 Abs. 4 (Einhaltung der vorgeschriebenen Fristen und Termine, HO. Anl. 5, bei Vorschlägen während des Krieges nicht erforderlich).

[4]) Über **Gebührnisse** und **Verpflegung** Strafgefangener vgl. §§ 72, 22 KrBesVorschr., §§ 11, 122—129 MStV. I sowie §§ 19, 36 KrVerpflVorschr. und dazu Krm. v. 8. 6. 16 (AVBl. S. 245), v. 16. 8. 17 und v. 17. 9. 17 (AVBl. S. 458).

die für den Krieg zugelassene besondere Art der Vollstreckung von Arreststrafen nur zur Anwendung kommen soll, wenn der Arrest weder in einem Ortsgefängnis noch in einem anderen zur Strafvollstreckung geeigneten Raume verbüßt werden kann und die Strafvollstreckung auch aus dienstlichen Gründen keinen Aufschub erleiden darf[1]). — Gefängnisstrafen sind, wenn die erkannte Dauer sechs Wochen übersteigt, regelmäßig in einer Militärgefangenen-Kompagnie zu verbüßen. Ausnahmen dürfen nur aus zwingenden Gründen stattfinden. Bezüglich der Angehörigen des Preußischen Kontingents ist jedoch bestimmt, daß Militärgefangene des Unteroffizierstandes nicht in diese einzustellen sind (GenQuM. 11. 11. 17 und Krm. 6. 1. 18)[2]). — Über Vollstreckung gerichtlich erkannter Geldstrafen vergleiche § 462 MStGO. sowie §§ 135 bis 140 MStV., über Vollstreckung der Haftstrafe § 121 MStV. I.

Bewilligt der Gerichtsherr widerruflich eine Aussetzung oder Unterbrechung der Vollstreckung der erkannten Freiheitsstrafe, so sind die nach § 128 Ziff. 1a und § 129 Ziff. 2 MStV. I (AKO. v. 8. 4. 15, AVBl. S. 160) für die Aussetzung oder Unterbrechung maßgebenden dienstlichen Gründe aktenkundig, von dem Truppenbefehlshaber auch in den Militärpapieren des Verurteilten ersichtlich zu machen. Eine wiederholte Strafunterbrechung ist nicht statthaft. Bei Fortfall

---

[1]) In den Strafbüchern ist deshalb, falls die Arreststrafe nicht in der für den Regelfall vorgeschriebenen Art vollstreckt ist, der Grund in Spalte „Bemerkungen“ anzugeben.

[2]) Vgl. GenQuM. v. 18. 4. 17 und v. 28. 11. 17, Krm. v. 3. 10. 17, GenQuM. v. 18. 7. 18 und Krm. v. 22. 7. 18.

der Gründe ist die bewilligte Strafaussetzung oder Strafunterbrechung zu widerrufen und die Strafvollstreckung anzuordnen oder fortzusetzen[1]). Um zu verhindern, daß trotz Fortfalls der Gründe die Fortsetzung der Strafvollstreckung längere Zeit unterbleibt, sind in angemessenen Zwischenräumen Ermittlungen darüber anzustellen, ob jene Gründe fortbestehen (KV. v. 22. 9. 17, AVBl. S. 677). – Eine bewilligte Aussetzung der Freiheitsstrafe betrifft nicht die zugleich erkannte Ehrenstrafe, z. B. die Versetzung in die zweite Klasse des Soldatenstandes; diese hat stets alsbald nach der Bestätigung des Urteils zu erfolgen.

Über Strafnachrichten an die Strafregisterbehörden (in Preußen: die Staatsanwaltschaften bei den Landgerichten) vergleiche Bundesratsverordnung v. 16. 6. 82, 9. 7. 96, 17. 4. 13, insbesondere § 6 (Kompendium Id), KV. v. 1. 11. 16 (KVBl. S. 744) sowie Bundesratsverordn. v. 16. 5. 18, in Kraft seit 1. 8. 18 über Aufstellung von Zählkarten im Feldverfahren, Krm. v. 28. 10. 15, AVBl. S. 495, v. 16. 6. 16, AVBl. S. 253.

Der Erlaß einer gerichtlichen Strafe im Gnadenwege, sei es auf Grund eines eingereichten Gnadengesuches oder durch allgemeinen Gnadenerlaß, bedeutet noch keine Löschung der Strafe im Strafregister und in den militärischen Papieren. Es wird vielmehr nur die Vollstreckung der Strafe erlassen und der Erlaß im Strafbuch eingetragen. Die Löschung gerichtlicher Strafen in den Strafbüchern im Wege Allerhöchster

---

[1]) Vgl. Krm. v. 3. 1. 17 (AVBl. Nr. 2), sowie Krm. v. 13. 4. 15 (AVBl. S. 161), v. 5. 9. 15 (AVBl. S. 381) und v. 12. 11. 15 (AVBl. S. 523).

Gnade[1]) ist jedoch möglich. Nach den Ausführungsbestimmungen zu den allgemeinen Gnadenerlassen über Löschung von Strafeinträgen[2]) sind die unter den Erlaß fallenden Strafen in den militärischen Listen aber erst bei der Entlassung aus dem aktiven Dienst zu löschen. Gnadengesuche um Löschung von Strafvermerken — diese sind auf dem Dienstwege mit einer Äußerung der Dienststellen einzureichen — haben daher bei Leuten, deren Entlassung nicht in absehbarer Zeit bevorsteht, im allgemeinen keine Aussicht auf Erfolg. Wird trotzdem aus besonderen Gründen (etwa weil eine Beförderung davon abhängt oder das spätere Fortkommen durch die Strafeintragung besonders erschwert wird) das Gesuch befürwortet, so ist dies in der dienstlichen Äußerung besonders zu begründen. Durch eine gnadenweise Löschung wird die gelöschte Strafe nicht aufgehoben; die erkannte Versetzung in die zweite Klasse des Soldatenstandes oder Degradation wirkt also fort.

III.
Kriegsgerichtliches Verfahren.

Auch in der zur Zuständigkeit der Kriegsgerichte gehörigen Strafsachen kann der Gerichtsoffizier zu einer

[1]) Die in § 15 der Kaiserlichen Verordnung I genannten, während des Krieges zur Milderung und zum Erlaß von Strafen sowie auch zur Ablehnung eines Gnadengesuches ermächtigten militärischen Befehlshaber können die Löschung von Strafen nicht anordnen.

[2]) Vom 27. 1. 16, 27. 1. 17 und 27. 1. 18 (AVBl. 1916 S. 23, 1917 S. 37, 1918 S. 41 und 42); vgl. auch Allerh. Verordnung vom 24. 4. 18 (AVBl. S. 492).

schnellen und sachgemäßen Erledigung beitragen[1]). Die höhere Gerichtsbarkeit wird die niedere im Interesse der Beschleunigung des Verfahrens sehr häufig zu Untersuchungshandlungen, Bekanntgaben oder Vernehmungen heranziehen. Der Gerichtsoffizier kann aber auch in Strafsachen, die zur Zuständigkeit des höheren Gerichtsherrn gehören, ohne besonderes Ersuchen des höheren Gerichts mitwirken. So hat er nach § 153 Abs. 3 MStGO. im Notfalle — ein solcher wird im Felde sehr häufig vorliegen — auch vor Einschreiten

[1]) Es sei nebenbei bemerkt, daß der Gerichtsoffizier die Vernehmung von Zeugen im Zivilprozeß sowie die Aufnahme von Akten der freiwilligen Gerichtsbarkeit, insbesondere die Aufnahme von Urkunden über die Anerkennung der Vaterschaft, nicht vornehmen kann. Im Kriege ersuchen Verwaltungsbehörden häufig die Truppe, die Verpflichtung des unehelichen Vaters zur Gewährung des Unterhalts durch seine Vernehmung und Anerkenntniserklärung festzustellen, damit dem unehelichen Kinde die gesetzliche Unterstützung ausgezahlt werden kann (§ 2c des Gesetzes v. 28. 2. 88/4. 8. 14). Wenn dabei auch von den Behörden die Vernehmung des unehelichen Vaters durch einen Militärjustizbeamten nicht ausdrücklich verlangt wird und ihnen ein von der Truppe oder dem Gerichtsoffizier aufgenommenes Protokoll häufig genügen mag, so empfiehlt es sich doch, auch in solchen Fällen das Ersuchen an den zuständigen Militärjustizbeamten weiterzugeben, damit von diesem eine vorschriftsmäßige öffentliche Urkunde über die Anerkennung der Vaterschaft aufgenommen wird. — Für die öffentliche Beglaubigung der Unterschrift einer der in § 1 Nr. 1, 6, 7, 8 MStGO. bezeichneten Personen im Felde ist der Gerichtsoffizier ebenso wie der Disziplinarvorgesetzte zuständig gemäß Verordnung des Bundesrats v. 14. 1. 15 (RGBl. S. 19) sowie Krm. v. 20. 1. 15 (AVBl. S. 20). Über die Ortsangabe dabei vgl. Verordnung des Bundesrats v 8 3 17 (RGBl. S. 169)

des zuständigen höheren Gerichtsherrn, vor Anordnung eines Ermittlungsverfahrens die richterlichen Untersuchungshandlungen, deren schleunige Vornahme erforderlich erscheint, auch zeugeneidliche Vernehmungen gemäß § 195 II MStGO., vorzunehmen und den gesamten Tatbestand möglichst festzustellen. Das wird gerade im Felde in vielen Fällen zur Verhütung einer Verdunkelung der Sache und zur Vermeidung des Verlustes von Beweismitteln notwendig sein. Der Gerichtsoffizier hat in solchen Fällen den Sachverhalt durch Vernehmung des Beschuldigten[1]) und der in Betracht kommenden Zeugen sowie Vornahme von sonst eiligen Untersuchungshandlungen möglichst aufzuklären, insbesondere dadurch auch festzustellen, ob für die Beurteilung der Straftat wesentliche Tatbestandsmerkmale gegeben sind, z. B. ob die Tat „vor versammelter Mannschaft", „unter dem Gewehr", „vor dem Feinde", „aus Feigheit" usw. begangen ist, überhaupt alle Maßnahmen zu treffen, deren schleunige Vornahme geboten erscheint. Gerade auf die Genauigkeit der ersten Ermittlungen muß besonderes Gewicht gelegt werden. Entspricht der von dem militärischen Vorgesetzten eingereichte Tatbericht, der auf sorgfältigster Nachprüfung

---

[1]) Die Vernehmung eines beschuldigten Offiziers soll nicht durch einen Gerichtsoffizier stattfinden, da sie im Widerspruch mit dem grundlegenden Gedanken der MStGO. steht, die, wie aus § 14 hervorgeht, davon ausgeht, daß Personen im Offiziersrange stets durch richterliche Militärjustizbeamte vernommen werden. Die Vernehmung durch einen zum Gerichtsoffizier bestellten Feldwebelleutnant entspricht überdies nicht dem militärischen Takt, da die Feldwebelleutnants im Range hinter den Leutnants folgen (AVBl. 17 S. 95).

beruhen, die dem Beschuldigten zur Last gelegte Handlung kurz wiedergeben und die Verdachtsgründe und Beweismittel dafür enthalten soll, diesen Erfordernissen nicht, so wird der Gerichtsoffizier vor Weiterreichung auf Vervollständigung des Berichts hinwirken.

Bezüglich einzelner strafbarer Handlungen sei dem Gerichtsoffizier bei Ausübung seiner Tätigkeit sowohl vor Anordnung des Ermittlungsverfahrens durch den höheren Gerichtsherrn wie auch bei der Vornahme von Untersuchungshandlungen auf dessen Ersuchen die Beachtung folgender Gesichtspunkte empfohlen:

Bei unerlaubten Entfernungen ist, da diese, falls sie die Dauer von 7 Tagen nicht überschreiten (§ 67), in minder schweren Fällen standgerichtlich (§ 64) oder disziplinarisch (§§ 64, 66) erledigt werden können, zu prüfen, ob ein solcher leichterer Fall vorliegt. Ist der Flüchtige noch nicht wieder bei der Truppe, so ist, wenn ein Verdacht der Fahnenflucht nicht besteht und die Annahme eines leichteren Falles bei Rückkehr des Beschuldigten innerhalb der siebentägigen Frist möglich erscheint, nichts dagegen einzuwenden, daß mit der Weitergabe des Tatberichts an das Kriegsgericht bis zum Ablauf der siebentägigen Frist gewartet wird. Zur Ergreifung des Flüchtigen sind aber ohne Verzug die erforderlichen Anordnungen zu treffen, die Fahndungszentrale (im besetzten Gebiete der Westfront: die Fahndungszentrale Großes Hauptquartier)[1]) und die Polizei-

[1]) Möglichst schriftliche Meldung unter Angabe, ob die Heimatsbehörde bereits benachrichtigt ist! GenQuM. v. 3. 7. 18 und Fahndungszentrale Großes Hauptquartier v. 30. 7. 18.

behörden des Urlaubsorts, des Wohnorts der Eltern, Frau, Braut usw. telegraphisch zu benachrichtigen und um Festnahme und Zuführung an die nächste Militärbehörde zu ersuchen. Da diese Ersuchen oft für die Ermittlung wichtige Angaben vermissen lassen, bestimmt KM. v. 13. 12. 16, daß darin außer Zunamen, Dienstgrad und Truppenteil tunlichst Geburtsort, Geburtstag und Wohnung, wenn möglich auch außer einer genauen Personalbeschreibung die am Fahndungsort vorhandenen Angehörigen anzugeben sind. Bei Verdacht der Fahnenflucht sind die Militärvorgesetzten vom Regiments- oder selbständigen Bataillonskommandeur ab aufwärts bzw. die mit den Befugnissen dieser Befehlshaber ausgestatteten Militärvorgesetzten zur Erlassung von Steckbriefen befugt (§ 183 II MStGO.). Der nach Prüfung des Sachverhalts einzureichende Tatbericht hat die näheren Umstände der Entfernung, alle bereits getroffenen Maßnahmen und deren Ergebnisse darzulegen; Stammrollenauszüge und Personalbeschreibung für den Steckbrief sind ihm beizufügen. Bei der verantwortlichen Vernehmung des zurückgekehrten Flüchtigen sowie der Zeugen hat der Gerichtsoffizier besonderen Wert auf die Feststellung zu legen, ob der Beschuldigte die Absicht hatte, sich **dauernd** der Dienstpflicht zu entziehen, ob also **Fahnenflucht** vorliegt. Diese Absicht kann z. B. aus der Dauer der unerlaubten Entfernung, dem Anlegen von Zivilkleidern, dem Verhalten bei der Festnahme, dem Ort der Festnahme (an der Grenze), aus Äußerungen zu Kameraden und anderen Umständen entnommen werden. Das Verbrechen der Fahnenflucht im Felde liegt auch dann vor, wenn der Beschuldigte in der Absicht, seine Einstellung bei einem anderen Truppenteil zu betreiben, sich entfernt hat, falls er die Absicht hatte, zu seinem Truppenteil, mochten die von ihm in Aussicht genommenen Schritte Erfolg haben oder nicht, auf keinen Fall wieder zurückzukehren[1]). Wichtig ist bei Fahnenflucht die Feststellung, ob der Flüchtige gemeinschaftlich mit einem anderen die Fahnenflucht verabredet und ausgeführt hat (§ 72), ob er vom Posten vor dem Feinde (§ 93), oder aus Feigheit (Tateinheit mit § 85 oder § 87) fahnenflüchtig geworden und ob er sich im Felde etwa innerhalb einer Woche wieder freiwillig gestellt hat (§ 75).

Liegt der Verdacht der **Feigheit im Gefecht** (§ 85) vor, so ist die Gefechtstätigkeit sowie das frühere Verhalten des Beschuldigten in ähnlichen Lagen (etwa durch Vernehmung des Gruppen- und Zugführers) für die Beurteilung der Tat von Bedeutung. „Während des Gefechts" ist die Tat auch dann begangen, wenn ein Eingreifen der Truppe des Täters in ein bereits stattfindendes Gefecht in Aussicht stand. Es ist nicht erforderlich, daß der Täter zu den Kämpfenden gehört, auch nicht, daß seine Truppe unmittelbar am Gefechte teilnimmt. Voraussetzung ist dagegen, daß das Gefecht in Wirklichkeit zur Zeit der Tat bereits eingeleitet ist und daß die Truppe, welcher der Täter angehört, in irgendeiner Weise zum Gefecht in Beziehung steht. Eingeleitet ist das Gefecht regelmäßig schon dann, wenn die Gegner, sich gegenseitig beobachtend, einander im

[1]) Eine Einschränkung des Begriffs der Fahnenflucht durch Fortlassen dieser Fälle, in denen sich der Täter nur der konkreten Dienstpflicht entziehen will, steht zu erwarten.

Feuerbereiche gegenüber gerückt sind. Hiernach muß jeder im Schützengraben liegende Truppenteil, soweit er jeden Augenblick in feindliches Feuer kommen oder selbst feuern kann, als im Gefecht befindlich angesehen werden. — Zu § 85 Ziff. 2 MStGB. sei bemerkt, daß das Übertreiben eines Leidens — wohl der häufigste Anwendungsfall dieser Bestimmung — der Vorschützung eines überhaupt nicht bestehenden Leidens gleichsteht. Möglichst sofortige Untersuchung durch den Arzt ist hier zur Prüfung des Vorbringens des Beschuldigten erforderlich, ebenso Beifügung etwa vorhandener Krankenblätter. Hat der Beschuldigte nicht aus Feigheit gehandelt, so kann unter Umständen § 83 MStGB. vorliegen.

Eine Urkundenfälschung im Sinne des § 267 RStGB. liegt nur vor, wenn der Täter von der verfälschten Urkunde zu Täuschungszwecken auch Gebrauch gemacht hat (er hat z. B. einen verfälschten Urlaubsschein an der Bahnsperre vorgezeigt). Das ist daher festzustellen. Was den Urlaubsschein anbetrifft, so ist dieser eine Urkunde im Sinne des § 267 nur, wenn er in der vorgeschriebenen Form ausgestellt ist. Zu dieser gehört außer der Überschrift und dem Aufruf an die Militär- und Zivilbehörden um Schutz namentlich Stempel der bezüglichen Abteilung und Unterschrift des Kompagnie- usw. Führers. Die nur für den inneren Dienst bestimmte Urlaubskarte ist keine Urkunde im Sinne des § 267. Liegt eine Urkunde im Sinne des § 267 nicht vor oder ist von einer verfälschten Urkunde kein Gebrauch zu Täuschungszwecken gemacht worden, so kommt nur disziplinarische Bestrafung in Betracht, es sei denn, daß eine andere Gesetzesbestimmung zugleich verletzt ist

(z. B. § 363 RStGB.; doch ist unter „besserem Fortkommen" im Sinne dieser Bestimmung nur Verbesserung der witrschaftlichen Existenzbedingungen zu verstehen, so daß z. B. die Verfälschung eines Urlaubsscheins nicht hierunter fällt).

Liegt Verdacht der Selbstverstümmelung (§ 81) vor, so wird es in manchen Fällen von Wert sein, die Örtlichkeit in Augenschein zu nehmen und Schutzeinwände des Beschuldigten an Ort und Stelle nachzuprüfen. Die Feststellung und möglichst schleunige Vernehmung von Augenzeugen, der Personen, die den Beschuldigten verbunden haben, Zuziehung von Zeugnissen über frühere Äußerungen, Dienstfreudigkeit usw., Beschlagnahme des Gewehrs oder der Pistole des Beschuldigten, Feststellung der Gefechtstätigkeit (Tateinheit mit § 87) sind unverzüglich zu treffende notwendige Maßnahmen. Eine Überführung des Beschuldigten in die Heimat vor Abschluß des Verfahrens soll nicht erfolgen (GenQuM. v. 6. 6. 15). Bei fahrlässiger Selbstverstümmelung kann Bestrafung aus § 1 Ziff. 1 DStO. sowie unter Umständen auch aus § 92 MStGB. erfolgen.

Befindet sich der Beschuldigte oder ein notwendig zu vernehmender Zeuge nicht bei der Truppe und konnte er deshalb nicht vernommen werden, so ist festzustellen und anzugeben, wo er ist. Bei beurlaubten Militärpersonen ist insbesondere mitzuteilen, für welche Zeit und wohin die Beurlaubung erfolgt ist, damit in eiligen Fällen die Vernehmung am Urlaubsorte herbeigeführt werden kann. Ist der Beschuldigte oder ein Zeuge verwundet oder erkrankt, so ist das Lazarett festzustellen. Die Rückkehr zur Truppe ist unverzüglich zu melden, damit Weiterungen vermieden werden. Wird um eidliche Vernehmung eines Zeugen gemäß § 195 Abs. 2 MStGO. ersucht, so genügt es nicht, daß im Protokoll gesagt wird „beeidigt gemäß § 195 Abs. 2 MStGO.", sondern der Grund der Beeidigung ist nach Wortlaut des Gesetzes aktenkundig zu machen. Hat der Gerichtsoffizier dem Beschuldigten auf Ersuchen des höheren Gerichts die Anklageverfügung gemäß §§ 255, 256 MStGO. bekanntzumachen, so ist dem Beschuldigten eine Abschrift mitzuteilen, falls er nicht ausdrücklich zu Protokoll auf eine solche verzichtet (anders im standgerichtlichen Verfahren § 256 Abs. 4 Satz 2). Zu einem solchen Verzicht soll er, da die Einsicht der Anklageurkunde für ihn regelmäßig sehr wichtig ist, nicht gedrängt werden.

Ist der Beschuldigte (z. B. vom Kompagnieführer) vorläufig festgenommen (§ 180 MStGO.), so ist er über die ihm zur Last gelegte Tat sofort zu vernehmen und ihm der Grund der Festnahme zu eröffnen (§ 181). Eine Rechtsbeschwerde hiergegen steht dem Beschuldigten nicht zu. Vor Weitergabe des Tatberichts wird zu prüfen sein, ob die Festnahme zu Recht besteht und ob die Versetzung in Untersuchungshaft nach der Person des Beschuldigten und der Beschaffenheit der Tat erforderlich ist oder ob nicht der Mann zur Unterbindung der Drückebergerei doch zweckmäßiger im Dienste bei seiner Truppe zu belassen ist. Die Untersuchungshaft muß im Felde auf die Fälle dringenden Bedürfnisses beschränkt werden (Krm. v. 30. 10. 17 und 22. 7. 18, sowie GenQuM. v. 18. 7. 18). Erscheint die Aufrechterhaltung der vorläufigen Festnahme geboten, so ist dies bei Vorlage des Tatberichts unter Angabe der Gründe (§ 176 MStGO.) zum Ausdruck zu bringen.

Der Zeitpunkt der vorläufigen Festnahme ist genau anzugeben, da die vorläufige Festnahme hinsichtlich der Anrechnung auf die erkannte Strafe gemäß § 60 RStGB. sowie auch hinsichtlich der Berechnung der Strafzeit gemäß § 458 MStGO. der Untersuchungshaft gleichsteht. Die Heranziehung Verhafteter zu militärischen Dienstleistungen, die nicht das Wesen einer Strafe annehmen dürfen, mit Zustimmung des Gerichtsherrn ist durch Krm. v. 30. 10. 17 ausdrücklich für zulässig erklärt[1]). Nach einer neuerdings erlassenen Verfügung des Chefs des Generalstabes des Feldheeres v. 23. 7. 18 sind die Untersuchungsgefangenen künftig grundsätzlich in Arbeitskompagnien (zu unterscheiden von den Strafgefangenenkompagnien!) zusammenzustellen und im vorderen Operationsgebiete geschlossen zur Arbeit einzusetzen. Von der Überweisung zu diesen Arbeitskompagnien sind ausgeschlossen alle Unteroffiziere sowie diejenigen Mannschaften, bei denen dies vom Gerichtsherrn wegen Notwendigkeit völligster Absperrung ausdrücklich verfügt wird. Falls eine solche Notwendigkeit für vorliegend erachtet wird, ist dies bei Einreichung des Tatberichts an den Gerichtsherrn der höheren Gerichtsbarkeit hervorzuheben.

Was die Strafvollstreckung anbetrifft, so ist es wünschenswert, daß der Truppenteil bei der Äußerung

---

[1]) Über Gebührnisse und Verpflegung der Untersuchungsgefangenen vgl. § 20 KrBesVorschr. und dazu AKO. v. 19. 2. 16 (AVBl. S. 118) sowie §§ 18, 20, 35, 49 KrVerpfl-Vorschr. und dazu AKO. v. 14. 6. 17 (AVBl. S. 334) und Krm. v. 30. 10. 17 und 20. 1. 18; der Verkehr der Untersuchungsgefangenen (Besuche, schriftlicher Verkehr) ist durch Krm. v. 11. 2. 04 (MStrV. I Anl. 15 S. 196ff.) geregelt. Im übrigen Behandlung nach § 127 MStrV. (gelinder Arrest).

über eine vom Gerichtsherrn in Erwägung gezogene Aussetzung oder Unterbrechung der Strafvollstreckung (Krm. v. 3. 1. 17, AVBl. Nr. 2), falls eine Aussetzung nicht befürwortet wird, sich zugleich darüber äußert, ob etwa ausnahmsweise zwingende Gründe gegen die Vollstreckung in einer Militärgefangenenkompagnie sprechen (vgl. Krm. v. 22. 7. 18). — Die nach § 11 des Gesetzes, betreffend die Unterstützung von Familien in den Dienst eingetretener Mannschaften v. 11. 2. 88/ 4. 8. 14/30. 9. 15 vorgeschriebene Benachrichtigung der für den Wohnort der Einberufenen zuständigen Kommissionen (Landrat oder Magistrat) durch die Truppenbefehlshaber zum Zwecke der Einstellung der Familienunterstützungen (bei Urteilen über 6 Monate Gefängnis oder Fahnenfluchtserklärung) hat auf Ersuchen des Gerichtsherrn unverzüglich zu erfolgen (GenQuM. v. 23. 2. 18)[1]). — Bei der Meldung der Verbüßung einer kriegsgerichtlich erkannten Arreststrafe ist anzugeben, wann, wo und wie die Strafe vollstreckt ist. Die für den Krieg zugelassene besondere Art der Vollstreckung von Arreststrafen soll nur zur Anwendung kommen, wenn der Arrest weder in einem Ortsgefängnis noch in einem anderen zur Strafvollstreckung geeigneten Raume verbüßt werden kann und die Strafvollstreckung auch aus dienstlichen Gründen keinen Aufschub erleiden darf (Armeebefehl v. 1. 8. 14, AVBl. S. 281).

Schließlich sei noch kurz auf einige Besonderheiten beim Todesermittlungsverfahren hingewiesen.

---

[1]) Vgl. auch Krm. v. 11. 2. 16, 15. 1. 17, 14. 2. 18.

Sind Anhaltspunkte dafür vorhanden, daß eine Militärperson eines nicht natürlichen Todes gestorben ist oder wird der Leichnam einer unbekannten Militärperson gefunden, so ist für sofortige Benachrichtigung des Kriegsgerichts zu sorgen (§ 154 MStGB.). Die Beerdigung darf erst erfolgen nach Eingang der von dem zuständigen Militärjustizbeamten zu erteilenden Genehmigung (KV. v. 2. 11. 15, KVBl. S. 1001). Die Umstände, unter denen die Leiche gefunden und der Tod erfolgt ist, sind sorgfältig zu untersuchen. Der genaue Zeitpunkt des Todes ist festzustellen. Bei Selbstmord ist der Beweggrund tunlichst aufzuklären, insbesondere festzustellen, ob etwa vorschriftswidrige Behandlung durch einen Vorgesetzten als Motiv in Frage kommt. Stammrollenauszug des Verstorbenen ist einzureichen. Erweist sich eine Leichenschau oder Leichenöffnung (§§ 223f. MStGO.) als notwendig, so kann eine solche im Felde bei Verhinderung des Kriegsgerichtsrats durch den Gerichtsoffizier bewirkt werden (§ 98 MStGO.). Ist der Tod durch Unglücksfall oder Selbstmord herbeigeführt (§ 223 Abs. 2 MStGO.), so ist die Leichenschau nur eine militärpolizeiliche Maßnahme und die Hinzuziehung eines Arztes und des Gerichtsschreibers nicht erforderlich. Nach Abschluß des Ermittlungsverfahrens hat der Truppenteil, dem zu diesem Zwecke die Akten zugehen, die Angehörigen über das Ergebnis des Ermittlungsverfahrens in schonender Weise zu benachrichtigen und bei der Rückgabe der Akten an das Gericht die erfolgte Benachrichtigung in diesen zu vermerken (KV. v. 13. 4. 16, KVBl. S. 233).

Sachregister.

(Die großen Zahlen bezeichnen die Seiten, die kleinen die Anmerkung.)

Druck von A. W. Hayn's Erben, Potsdam.

FSC
www.fsc.org
MIX
Papier | Fördert gute Waldnutzung
FSC® C083411

Kolibri 360 GmbH
Ferdinand-Jühlke-Straße 7
99095 Erfurt, Deutschland
produktsicherheit@kolibri360.de